BEI GRIN MACHT SICH IHR WISSEN BEZAHLT

- Wir veröffentlichen Ihre Hausarbeit, Bachelor- und Masterarbeit

- Ihr eigenes eBook und Buch - weltweit in allen wichtigen Shops

- Verdienen Sie an jedem Verkauf

Jetzt bei www.GRIN.com hochladen und kostenlos publizieren

Bibliografische Information der Deutschen Nationalbibliothek:

Die Deutsche Bibliothek verzeichnet diese Publikation in der Deutschen Nationalbibliografie; detaillierte bibliografische Daten sind im Internet über http://dnb.d-nb.de/ abrufbar.

Dieses Werk sowie alle darin enthaltenen einzelnen Beiträge und Abbildungen sind urheberrechtlich geschützt. Jede Verwertung, die nicht ausdrücklich vom Urheberrechtsschutz zugelassen ist, bedarf der vorherigen Zustimmung des Verlages. Das gilt insbesondere für Vervielfältigungen, Bearbeitungen, Übersetzungen, Mikroverfilmungen, Auswertungen durch Datenbanken und für die Einspeicherung und Verarbeitung in elektronische Systeme. Alle Rechte, auch die des auszugsweisen Nachdrucks, der fotomechanischen Wiedergabe (einschließlich Mikrokopie) sowie der Auswertung durch Datenbanken oder ähnliche Einrichtungen, vorbehalten.

Coverbild: falco @pixabay.com

Impressum:

Copyright © 2018 GRIN Verlag
Druck und Bindung: Books on Demand GmbH, Norderstedt Germany
ISBN: 9783668653306

Dieses Buch bei GRIN:

https://www.grin.com/document/414325

Andrea G. Röllin

Können allgemeine Dekrete und Gesetze des kanonischen Rechts gleichgesetzt werden?

GRIN Verlag

GRIN - Your knowledge has value

Der GRIN Verlag publiziert seit 1998 wissenschaftliche Arbeiten von Studenten, Hochschullehrern und anderen Akademikern als eBook und gedrucktes Buch. Die Verlagswebsite www.grin.com ist die ideale Plattform zur Veröffentlichung von Hausarbeiten, Abschlussarbeiten, wissenschaftlichen Aufsätzen, Dissertationen und Fachbüchern.

Besuchen Sie uns im Internet:

http://www.grin.com/

http://www.facebook.com/grincom

http://www.twitter.com/grin_com

Können allgemeine Dekrete und Gesetze des kanonischen Rechts gleichgesetzt werden?

Andrea G. Röllin

Dr. iur. et BTh, Rechtsanwältin

Inhaltsverzeichnis

1. Fehlende Gesetzesdefinition 2
2. Fehlende klare Unterscheidung zwischen allgemeinem Dekret und Gesetz 3
3. Zweifelhafte systematische Einordnung von Cann. 29 und 30 CIC/83 4
4. Formelle und materielle Unterschiede zwischen allgemeinen Dekreten und Gesetzen 5
5. Ungenaue Formulierung des Can. 29 CIC/83 6
6. Auswirkungen auf das Rechtsetzungsverfahren 6
7. Auswirkungen auf die Rechtsanwendung 9
8. Ergebnis 9

1. Fehlende Gesetzesdefinition

Wie bereits der *Codex Iuris Canonici* des Jahres 1917 (CIC/17) und ebenso die staatlichen Gesetzbücher kennt auch jener von 1983 (CIC/83) keine Definition des kirchlichen Gesetzes. Vielmehr überlässt er die nähere Begriffsbestimmung der Kirchenrechtswissenschaft sowie der Rechtsphilosophie und der Rechtstheologie,[1] wobei der kanonistischen Wissenschaft insbesondere die Herausarbeitung dessen überlassen ist, was ein Gesetz zum Gesetz macht[2]. Entsprechend gibt es auf die Frage, was ein Kirchengesetz im Sinne des kanonischen Rechts ist, keine autoritative Antwort.[3] In der ersten Sitzung des Studientreffens betreffend die allgemeinen Bestimmungen des neuen Codex vom 24. bis 27. Mai 1966 wurde vorgeschlagen, eine Gesetzesdefinition am systematischen Ort des Can. 8 § 1 CIC/17 einzufügen, die der Gesetzesdefinition des *Thomas von Aquin* entsprechen sollte.[4] Die meisten Glieder der genannten Versammlung lehnten dies jedoch ab. Zwei Gründe wurden gegen die Aufnahme einer Gesetzesdefinition überhaupt geltend gemacht: a) der Gesetzgeber habe keine Definitionen zu geben, sondern Gesetze zu erlassen, und b) er dürfe nur unbedingt notwendige Definitionen ins Gesetzbuch aufnehmen, da der Grundsatz 'jede Definition im Recht ist gefährlich' zu beachten sei, weshalb genau zwischen einer Kodifikation und einem Lehrwerk unterschieden werden müsse.[5] Die in Can. 7 des Schemas von 1980 und wortgleich noch in Can. 7 des Schemas von 1982 vorgesehene Definition

„Das Gesetz, das heisst eine allgemeine Vorschrift, die zum Gemeinwohl irgendeiner Gemeinschaft von der zuständigen Autorität aufgestellt worden ist, wird erlassen, wenn es promulgiert wird"

wurde nicht ins Gesetzbuch des CIC/83 aufgenommen, obwohl die Kommission die Definition nicht zuletzt unter Hinweis auf die Rechtssicherheit verteidigt

---

[1] WILHELM REES, Die Rechtsnormen, in: Stephan Haering/Wilhelm Rees/Heribert Schmitz (Hrsg.), Handbuch des katholischen Kirchenrechts, 3. Auflage, Regensburg 2015 (nachfolgend: HdbKathKR³), S. 127-162, 129; vgl. LOTHAR WÄCHTER, Gesetz im kanonischen Recht. Eine rechtssprachliche und systematisch-normative Untersuchung zu Grundproblemen der Erfassung des Gesetzes im Katholischen Kirchenrecht (= Münchener theologische Studien. III. Kanonistische Abteilung 43), Diss. München 1988 / St. Ottilien 1989, S. 150.

[2] KLAUS ZELLER, Rechtsförmlichkeiten bei der kirchlichen Gesetzgebung, insbesondere bei der Ausfertigung teilkirchlicher Gesetze, in: Ludger Müller/Wilhelm Rees (Hrsg.), Geist – Kirche – Recht. Festschrift für Libero Gerosa zur Vollendung des 65. Lebensjahres, Berlin 2014, S. 49-69, 52 mit Hinweisen; vgl. WINFRIED AYMANS, Lex Canonica. Erwägungen zum kanonischen Gesetzesbegriff, in: Archiv für katholisches Kirchenrecht 153 (1984), S. 337-353, 337, und WINFRIED AYMANS/KLAUS MÖRSDORF, Kanonisches Recht. Lehrbuch aufgrund des Codex Iuris Canonici, Band I: Einleitende Grundfragen und Allgemeine Normen, Paderborn/München/Wien/Zürich 1991, S. 142-143.

[3] AYMANS, a.a.O., 337; vgl. AYMANS/MÖRSDORF, a.a.O., S. 142.

[4] Communicationes 16 (1984), S. 143-157, 144, und WÄCHTER, a.a.O., S. 150.

[5] WÄCHTER, a.a.O., S. 150.

hatte.⁶ Lediglich in Can. 29 CIC/83, der gesetzesgleiche allgemeine Dekrete normiert, sind einige Wesenselemente eines Gesetzesbegriffs bzw. wesentliche Gesetzesmerkmale aufgezählt: Gesetzgebungsgewalt des handelnden Organs, gesetzesfähige Gemeinschaft als Adressat, Allgemeinverbindlichkeit der Normierung.⁷ Die hier genannten Elemente decken sich mit den äusseren Wesensmerkmalen eines Kirchengesetzes.⁸ Der Canon bietet diese Elemente indirekt für die fehlende Legaldefinition des Gesetzes.⁹ Weil der Gesetzesbegriff im CIC/83 so aber nur teilweise definiert wird, ist das Gesetz in der katholischen Kirche nicht konkret genug geregelt.¹⁰

2. Fehlende klare Unterscheidung zwischen allgemeinem Dekret und Gesetz

Das kanonische Recht nimmt keine genaue Unterscheidung zwischen dem allgemeinen Dekret und dem Gesetz vor. Obwohl in Can. 29 CIC/83 – und Can. 30 CIC/83 – die allgemeinen Dekrete als Gesetze im eigentlichen Sinn umschrieben sind, wird der Begriff 'allgemeines Dekret' nicht allein zur Bezeichnung von Gesetzen im Sinn des Can. 29 CIC/83 – und Can. 30 CIC/83 –, sondern auch zur Erfassung von nichtgesetzlichen allgemeinen Normen, wie die allgemeinen Ausführungsdekrete, verwendet.¹¹ Gegenstand von Can. 29 CIC/83 sind nicht die Gesetze als solche, sondern die allgemeinen Dekrete. Diese Regelung der allgemeinen Dekrete (Can. 29 CIC/83) ist in ihrer Abgrenzung zu den Gesetzen problematisch.¹² So sind auch die allgemeinen Dekrete, „durch die von dem zuständigen Gesetzgeber für eine passiv gesetzesfähige Gemeinschaft gemeinsame Vorschriften erlassen werden", „im eigentlichen Sinn Gesetze und unterliegen den Vorschriften der Canones über die Gesetze" (Can. 29 CIC/83)¹³. Die systematische Einordnung des allgemeinen Dekrets im Sinn von Can. 29

---

⁶ AYMANS, a.a.O., 337 Fn. 1, und AYMANS/MÖRSDORF, a.a.O., S. 142 Fn. 5.
⁷ Vgl. HERBERT KALB, Verwaltungsakt und Verwaltungsverfahren, in: HdbKathKR³, S. 163-182, 166 Fn. 17; HUBERT SOCHA, in: Klaus Lüdicke (Hrsg.), Münsterischer Kommentar zum Codex Iuris Canonici (Loseblattwerk, Stand: April 2017), Essen seit 1984, Can. 29 Rz. 2, 4 und 8; AYMANS/MÖRSDORF, a.a.O., S. 142, sowie WÄCHTER, a.a.O., 162-163.
⁸ SOCHA, a.a.O., Can. 29 Rz. 8.
⁹ KALB, a.a.O., 166 Fn. 17.
¹⁰ Vgl. RICHARD PUZA, Art. Gesetzgebungsverfahren. II. Kath., in: Axel von Campenhausen/Ilona Riedel-Spangenberger/Reinhold Sebott (Hrsg.), Lexikon für Kirchen- und Staatskirchenrecht, Band 2: G-M, Paderborn 2002, S. 124-125, 124.
¹¹ WÄCHTER, a.a.O., S. 19.
¹² Vgl. HERIBERT SCHMITZ, Codex Iuris Canonici, in: HdbKathKR³, S. 70-100, 89.
¹³ Der lateinische Originaltext von Can. 29 CIC/83 lautet: Decreta generalia, quibus a legislatore competenti pro communitate legis recipiendae capaci communia feruntur praescripta, proprie sunt leges et reguntur praescriptis canonum de legibus.

CIC/83 – und Can. 30 CIC/83 – erweckt zumindest den Eindruck einer Abgrenzung zum Gesetz. Inhaltlich ist jedoch eine Abgrenzung zum Gesetz nur schwer erkennbar.[14] Die Feststellung des Can. 29 CIC/83, dass allgemeine Dekrete Gesetze im eigentlichen Sinn sind, setzt voraus, dass im CIC/83 Klarheit darüber besteht, was 'Gesetze im eigentlichen Sinn' sind. Der CIC/83 normiert freilich nicht ausdrücklich, was ein solches Gesetz ist.[15] Der kirchliche Gesetzgeber verweist allerdings ausdrücklich darauf, dass ein kirchliches Organ, das lediglich ausführende Gewalt besitzt, ein allgemeines Dekret nach Can. 29 CIC/83 nicht erlassen kann, wenn ihm dies nicht in einzelnen Fällen nach Massgabe des Rechtes vom zuständigen Gesetzgeber ausdrücklich zugestanden worden ist (Can. 30 CIC/83).[16] Der Erlass von allgemeinen Dekreten verlangt so den Besitz einer gesetzgebenden Leitungsgewalt,[17] die ordentlicher oder delegierter Natur sein kann (vgl. Can. 131 §§ 1 und 2 und Can. 135 § 2 CIC/83)[18]. Auch die aufgrund delegierter Gewalt erlassenen allgemeinen Dekrete sind wirkliche Gesetze, die den Vorschriften der Cann. 7 bis 22 CIC/83 unterliegen und deren Inhalt im Hinblick auf gleichrangiges oder rangniedrigeres Recht ihm gemäss, ausserhalb von ihm oder ihm entgegengesetzt sein kann.[19] Die vom Gesetzgeber gemäss Cann. 29 und 30 CIC/83 erlassenen allgemeinen Dekrete nehmen so eine Zwischenstellung zwischen Gesetz und Verwaltungsakt ein.[20] In rechtssprachlicher Hinsicht wäre eine einheitliche Fassung des Begriffs 'allgemeines Dekret' im Sinn des Can. 29 CIC/83 – und Can. 30 CIC/83 –, das heisst also nur im Sinn von 'Gesetz', wünschenswerter gewesen.[21]

3. Zweifelhafte systematische Einordnung von Cann. 29 und 30 CIC/83

In Can. 29 CIC/83 wird im Zusammenhang mit der Normierung des Gesetzes (Titel I des Buches I des CIC/83) auf den Versuch einer Gesetzesumschreibung verzichtet, dagegen im Zusammenhang mit der Regelung der allgemeinen Dekrete ein solcher beibehalten. Demnach hätten die in Can. 29 CIC/83 genannten Gesetzesmerkmale ('… durch die von dem zuständigen Gesetzgeber für eine

---

[14] WÄCHTER, a.a.O., S. 187 Fn. 144.
[15] WÄCHTER, a.a.O., S. 188 Fn. 152.
[16] REES, a.a.O., 133.
[17] Vgl. Art. 158 *Pastor Bonus*.
[18] SOCHA, a.a.O., Can. 29 Rz. 6; vgl. WÄCHTER, a.a.O., 184-185 Fn. 136.
[19] SOCHA, a.a.O., Can. 30 Rz. 16.
[20] HELMUTH PREE, Die Ausübung der Leitungsgewalt, in: HdbKathKR³, S. 207-233, 225.
[21] WÄCHTER, a.a.O., S. 19 Fn. 41.

passiv gesetzesfähige Gemeinschaft gemeinsame Vorschriften erlassen werden ...') in einer im ersten Buch des CIC/83, Titel I, aufzunehmenden Gesetzesumschreibung berücksichtigt werden müssen.[22] Die Einordnung der allgemeinen Dekrete in den Titel III des ersten Buchs des CIC/83 scheint darauf hinzuweisen, dass der Gesetzgeber sie – obwohl keine Abgrenzungskriterien genannt werden – rangmässig von den im Titel I behandelten Gesetzen abheben wollte.[23] Die Charakterisierung der allgemeinen Dekrete als eigentliche Gesetze lässt die Richtigkeit der systematischen Einordnung des Can. 29 CIC/83 – und Can. 30 CIC/83 – aber zweifelhaft werden. Sachlich zutreffender wäre eine Einordnung unter dem Titel 'Über die Kirchengesetze' gewesen.[24]

4. Formelle und materielle Unterschiede zwischen allgemeinen Dekreten und Gesetzen

Nach manchen Kanonisten besteht ein formaler Unterschied der allgemeinen Dekrete im Vergleich zu den Gesetzen darin, dass solche Dekrete nur ausnahmsweise und regelmässig gemäss Can. 30 CIC/83 durch Verwaltungsorgane erlassen würden. Dies widerspricht jedoch der Aussage von Cann. 29 und 30 CIC/83, nach der auch Träger ordentlicher Gesetzgebungsbefugnis, und sie vor allem, solche Dekrete promulgieren können. Can. 29 CIC/83 sieht in formaler Hinsicht die völlige Gleichbehandlung der allgemeinen Dekrete mit den Gesetzen vor.[25] Daher vertreten andere Autoren folgende inhaltliche Unterscheidung: Gesetze seien auf Dauer angelegt und besässen eine autonome Normativität, während allgemeine Dekrete nur für dringende, zeitlich begrenzte Angelegenheiten ergingen und nur eine gesetzesanwendende oder -ergänzende Funktion hätten.[26] Denn soweit überhaupt Kriterien für die Entscheidung der Frage angegeben werden können, wann ein allgemeines Dekret gemäss Can. 29 CIC/83 und wann ein Gesetz zu erlassen ist, sind sie nur in inhaltlicher Hinsicht zu vermuten.[27] Der Vergleich mit den allgemeinen Ausführungsdekreten (vgl. Cann. 31 bis 33 CIC/83) und die kirchliche Praxis zeigen indessen, dass den allgemeinen Dekreten die gleiche inhaltliche Gestaltungsfreiheit und Unabhängigkeit in der Rechtsschöpfung eignet wie den Gesetzen; sie dienen nicht nur der Gesetzesausführung, -konkretisierung oder -ergänzung, sondern vermögen

---

[22] WÄCHTER, a.a.O., S. 162.
[23] SOCHA, a.a.O., Can. 29 Rz. 9.
[24] WÄCHTER, a.a.O., S. 190 mit Hinweisen.
[25] SOCHA, a.a.O., Can. 29 Rz. 9a.
[26] SOCHA, a.a.O., Can. 29 Rz. 9b mit Hinweis unter anderem auf Communicationes 17 (1985), S. 47.
[27] WÄCHTER, a.a.O., S. 42 Fn. 19.

auch (gleichrangige oder rangniedrigere) Gesetze abzuändern oder aufzuheben, können also gesetzeskonforme, aussergesetzliche und gegengesetzliche Regelungen beinhalten.[28] Die den Gesetzen zukommende Stabilität ist zu relativ und unbestimmt, um ein Unterscheidungsmerkmal gegenüber den Dekreten zu bilden.[29] Wenn Can. 29 CIC/83 sagt, dass die allgemeinen Dekrete im eigentlichen Sinn Gesetze sind, dann gilt das in jeder Beziehung, auch materiell, wodurch deutlich wird, dass die allgemeinen Dekrete ebenso gut und zutreffender im Titel I hätten normiert werden können.[30]

5. Ungenaue Formulierung des Can. 29 CIC/83

In der ursprünglich vorgesehenen Legaldefinition (Can. 7 des Schemas von 1980) war von der 'allgemeinen Norm' die Rede. Der Begriff 'allgemein' trifft den Sachverhalt besser als das in Can. 29 CIC/83 gebrauchte Wort 'gemein' und ist deshalb für die Erarbeitung des Gesetzesbegriffs vorzuziehen.[31] Es geht um allgemeine Vorschriften in Abgrenzung von Anordnungen im Einzelfall. Die Formulierung des Gesetzgebers in Can. 29 CIC/83 ist insofern missverständlich. Eine begriffliche Schwierigkeit kann ferner die Frage bereiten, ob eine einzelne, als juristische Person verfasste Körperschaft als passiv gesetzesfähige Gemeinschaft anzusehen ist oder nicht.[32] Überdies wäre es genauer, statt von Gemeinschaft von Personengesamtheit zu sprechen, weil die vom Gesetz betroffenen Personen untereinander keineswegs gemeinschaftlich verbunden sein müssen.[33]

6. Auswirkungen auf das Rechtsetzungsverfahren

Die fehlende klare Unterscheidung zwischen Gesetzen und allgemeinen Dekreten stellt auch im Rechtsetzungsprozess ein Problem dar. Es ist zwar zu berücksichtigen, dass sich kirchliche Gesetze wesentlich von weltlich-staatlichen unterscheiden, wenngleich der CIC/83 wichtige Kriterien für den Gesetzgebungsprozess festlegt. So bestimmt das kirchliche Recht den Gesetzesbegriff materiell, nicht formell.[34] Einen formellen Gesetzesbegriff, wie er vielfach im weltlich-

---

[28] SOCHA, a.a.O., Can. 29 Rz. 9b mit Hinweis unter anderem auf Benedikt XV., Motu Proprio *Cum iuris canonici* vom 15. September 1917, Nr. II-III, Can. 31 des *Schema canonum libri I de normis generalibus*, Vatikanstadt 1977, und Art. 18 *Pastor Bonus*.

[29] SOCHA, a.a.O., Can. 29 Rz. 9c mit Hinweis insbesondere auf Communicationes 17 (1985), S. 47, und 19 (1987), S. 202.

[30] SOCHA, a.a.O., Can. Rz. 9c.

[31] AYMANS, a.a.O., 340 Fn. 11.

[32] AYMANS, a.a.O., 341.

[33] AYMANS, a.a.O., 341 Fn. 14.

[34] REES, a.a.O., 130.

staatlichen Recht bekannt ist, hat das kanonische Recht nie entwickelt.[35] Das Fehlen eines 'formalen' bzw. 'formellen' Gesetzesbegriffs im kirchlichen Recht meint, dass dieses im Unterschied zum weltlich-staatlichen Recht keinen Gesetzesbegriff kennt, wonach zur Gültigkeit eines Gesetzes ein bestimmtes Erlass- bzw. Gesetzgebungsverfahren und besondere Formerfordernisse – wie bestimmte Bezeichnung des Gesetzes, Unterschrift, Datierung – vorgeschrieben sind.[36] Laut *Joseph Listl* ist dem kirchlichen Recht wegen der Gewalteinheit, die das kanonische Recht kennzeichnet, im Unterschied zum Staatsrecht der modernen freiheitlichen Demokratie der in der Auseinandersetzung zwischen der Volksvertretung und dem Monarchen im Lauf des 19. Jahrhunderts entwickelte Begriff des ‚formellen' (das heisst von der Volksvertretung in einem durch die Verfassung vorgeschriebenen Verfahren beschlossenen) Gesetzes fremd.[37] Somit ist es nicht erforderlich, kirchliche Gesetze in einem bestimmten Verfahren zu beschliessen, noch in einer besonderen Form zu erlassen. Damit ein Gesetz wirksam zustande kommt, ist der kirchliche Gesetzgeber zwar an bestimmte Grundsätze gebunden, näherhin an innere und äussere Erfordernisse.[38] Falls eines der charakteristischen Wesensmerkmale des kanonischen Gesetzes fehlt, kommt ein solches nicht zustande.[39] Der Gesetzesbegriff – und damit auch diese Wesensmerkmale – sind in der Kanonistik jedoch nach wie vor umstritten.[40] Demzufolge sind an das Gesetzgebungsverfahren der katholischen Kirche eine Reihe von Fragen zu richten.[41] So wäre, obwohl in der Kirche das Recht nicht vom Volke ausgeht, eine breitere Beteiligung des Gottesvolkes am Gesetzgebungsverfahren notwendig.[42] Es ist ein unübersehbarer Mangel, dass nicht einmal der Ansatz eines solchen Verfahrens vorhanden ist, in dessen Rahmen der Glaubenssinn der Gläubigen eine den Lehren des Zweiten Vatikanischen Konzils entsprechende Berücksichtigung hätte finden können. Dieser Mangel wiegt umso schwerer, als in der Konstitution *Sacrae Disciplinae Leges*, mit welcher der CIC/83 promulgiert wurde, unter den Momenten, welche als unmittelbare Frucht des Konzils die Gesetzgebung massgeblich bestimmen (sollen), ausdrücklich die Sicht der Kirche als Volk Gottes und Gemeinschaft angeführt wird, in der alle Glieder, „jedes auf seine Weise" an dem

---

[35] AYMANS, a.a.O., 337.
[36] WÄCHTER, a.a.O., S. L Fn. 8.
[37] JOSEPH LISTL, Die Rechtsnormen, in: derselbe/Heribert Schmitz (Hrsg.), Handbuch des katholischen Kirchenrechts, 2. Auflage, Regensburg 1999, S. 102-118, 103.
[38] REES, a.a.O., 130.
[39] Vgl. REES, a.a.O., 130, und PUZA, a.a.O., 125.
[40] Vgl. PUZA, a.a.O., 125.
[41] Vgl. REES, a.a.O., 130, und PUZA, a.a.O., 125.
[42] PUZA, a.a.O., 125; vgl. REES, a.a.O., 130-131.

dreifachen Amt Christi teilhaben (vgl. Can. 204, Can. 208 CIC/83).[43] Zu fragen ist auch nach der Mitwirkung der Teilkirche am Gesetzgebungsprozess der Gesamtkirche, da die Teilkirche durch das Zweite Vatikanische Konzil eine deutliche Aufwertung erfahren hat (vgl. Art. 23 Abs. 1 der Dogmatischen Konstitution *Lumen Gentium* über die Kirche: „in ihnen und aus ihnen besteht die eine und einzige katholische Kirche)".[44] *Richard Puza* schliesst aus dem Mit- und Übereinander von Gesamtkirche und Teilkirche, dass die Gesetzgebung der Gesamtkirche unter Mitwirkung der Teilkirche zu erfolgen hat und diese Konsultation auch rechtlich vorgeschrieben werden muss.[45] Das Fehlen dieser Vorschrift ist problematisch, da es ohne sie dem freien Ermessen des universalen Gesetzgebers anheimgestellt ist, ob die Teilkirchen zu konsultieren sind oder nicht. Ferner hat der kirchliche Gesetzgeber eine Unterscheidung des Vorgangs der Promulgation vom Vorgang der Publikation, wie sie das weltlich-staatliche Recht kennt, nicht in den CIC/83 übernommen.[46] Dies stellt ein weiteres Problem dar, weil die Veröffentlichung von Gesetzen auf diese Weise nicht eigens geregelt ist und dem Ermessen des jeweiligen Gesetzgebers – insbesondere auf teilkirchlicher Ebene – unterliegt. Gerade auch in der Schweiz sind nicht wenige teilkirchliche Erlasse unveröffentlicht und damit für die gesetzesunterworfenen Gläubigen nur schwer bis überhaupt nicht zugänglich.[47] Dies erschwert nicht zuletzt insbesondere die staatliche und staatskirchenrechtliche Rechtspflege und die wissenschaftliche Auseinandersetzung mit dem kanonischen Partikularrecht. Rechtsprechung und Lehre werden dadurch wesentlich behindert. Überdies kennt das kirchliche Recht die Möglichkeit der Normenkontrolle nicht.[48] Die von Papst *Johannes Paul II.* erlassene Apostolische Konstitution *Pastor Bonus* ermächtigt den Päpstlichen Rat für die Interpretation von Gesetzestexten zwar in Art. 155 dazu, die mit päpstlicher Vollmacht bekräftigte authentische Interpretation der universalkirchlichen Gesetze vorzutragen. Diese Ermächtigung nimmt aber bloss die Kompetenz aus Can. 16 § 1 CIC/83 wahr, wonach Gesetze authentisch vom

---

[43] HELMUTH PREE, Bemerkungen zum Normenbegriff des CIC/1983, in: Österreichisches Archiv für Kirchenrecht 35 (1985), S. 25-61 (im Folgenden: PREE, Bemerkungen), 45-46.
[44] REES, a.a.O., 131.
[45] PUZA, a.a.O., 125; vgl. REES, a.a.O., 131.
[46] REES, a.a.O., 139-140.
[47] Als Beispiel kann hier die Rechtssammlung der Diözese Sitten angeführt werden, welche zwar unter <http://www.cath-vs.ch/de/weisungen-formulare/> (abgerufen am 17. Juni 2017) im Internet zugänglich ist, aber passwortgeschützt ist und ausdrücklich nur zum internen Gebrauch der Seelsorger und Seelsorgerinnen des Bistums Sitten bestimmt ist. Die Dekrete und Richtlinien des Bistums Chur hingegen – um ein anderes Beispiel zu nennen – können grösstenteils unter <www.bistum-chur.ch> > Download > Dekrete & Richtlinien> (abgerufen am 2. Juli 2017) im Internet eingesehen werden.
[48] REES, a.a.O., 130.

Gesetzgeber interpretiert werden und von demjenigen, dem von jenem die Vollmacht zur authentischen Auslegung übertragen wurde. Verfassungsgerichtliche Kompetenzen werden in Art. 155 *Pastor Bonus* keine eingeräumt.[49]

7. Auswirkungen auf die Rechtsanwendung

Der Umstand, dass kirchliche Gesetze zu ihrer Gültigkeit keiner bestimmten Form und keines bestimmten Verfahrens bedürfen, führt in der praktischen Arbeit nicht selten zur Schwierigkeit, eine Rechtsvorschrift als solche zu identifizieren. Weil gerade für die Kirche gilt, dass das Recht nicht der einzige Bereich ist, in dem eine vorschreibende Sprache verwendet wird, sondern etwa auch in Angelegenheiten der Moral und der Sitte, ist in der Kanonistik verschiedentlich versucht worden, Prüfkriterien zu entwickeln, mit deren Hilfe geklärt werden soll, ob überhaupt Rechtsvorschriften, insbesondere Gesetze, vorliegen.[50] Eine Lösung des Problems ist jedoch nach wie vor noch nicht gefunden. So kann Can. 29 CIC/83 geradezu als Beispiel einer verunglückten Vermischung von Gesetzgebung und Verwaltung angesehen werden.[51]

8. Ergebnis

Was unter dem Begriff 'Gesetz' im kanonischen Recht zu verstehen ist, ist unklar und entsprechend umstritten. Zwischen dem allgemeinen Dekret und dem Gesetz müsste genau unterschieden werden. Dass die Cann. 29 und 30 CIC/83 systematisch richtig eingeordnet sind, ist zu bezweifeln. Zudem bestehen zwischen allgemeinen Dekreten und Gesetzen weder formelle noch wesentliche materielle Unterschiede. Überdies ist Can. 29 CIC/83 ungenau formuliert. Dies wirkt sich im Rechtsetzungsverfahren und in der Rechtsanwendung in problematischer Weise aus.

---

[49] Anderer Ansicht offenbar REES, a.a.O., 130.
[50] STEFAN MUCKEL, § 19. Rechtsetzung und Rechtsanwendung im kanonischen Recht, in: Heinrich de Wall/Stefan Muckel, Kirchenrecht. Ein Studienbuch, 5. Auflage, München 2017, S. 158-188, 161 Rz. 5.
[51] PREE, Bemerkungen, 37.

BEI GRIN MACHT SICH IHR WISSEN BEZAHLT

- Wir veröffentlichen Ihre Hausarbeit, Bachelor- und Masterarbeit

- Ihr eigenes eBook und Buch - weltweit in allen wichtigen Shops

- Verdienen Sie an jedem Verkauf

Jetzt bei www.GRIN.com hochladen und kostenlos publizieren